托尔斯泰

韩国汉松教育◎编
千太阳◎译

天地出版社 | TIANDI PRESS

·目录·

亚斯纳亚－博利尔纳的回忆 | 4

丑陋的地主列夫·托尔斯泰 | 12

成为作家 | 20

走到农民中去 | 26

结婚 | 30

该怎么办 | 38

遥远的朝圣之路 | 50

情报夹 | 56

人物概述 | 60

想做农民的文学巨匠
托尔斯泰

1910年11月20日,一位老人在俄国某个车站的房间里,安详地闭上了眼睛。他穿着破旧的衣服,脸颊像枯叶一样皱巴巴的,布满皱纹的脸看起来略显悲伤……乍一看,老人有点儿像农民,细看又有点儿像工人。

院子里挤满了记者、学生、神父、知识分子……他们全都因为老人的去世而悲伤不已。这位老人就是俄国的文学家列夫·托尔斯泰。俄国皇帝说:"为伟大文学家的去世送上最悲痛的哀悼。"遵照他的遗言,遗体安葬在家乡的森林中,坟上不设墓碑和十字架。后来老人被农民们送回家乡,静静地安葬了。

在俄国人的记忆深处,托尔斯泰是大家的骄傲,他的地位比俄国皇帝还要高。俄国人亲切地称他为"俄国革命的镜子""俄国的灵魂"。

但是,真正理解托尔斯泰的人则称他为"经历着与普通人相同的苦恼,慢慢变成伟人的人"。

小时候,托尔斯泰学习很差,长相很普通,甚至有点儿丑,所以他有很多苦恼。年轻时,他曾经沉迷于酒和赌博,导致倾家荡产。这样的托尔斯泰后来是怎样成为备受全世界人民尊敬的文学家和思想家的呢?下面,就让我们了解一下托尔斯泰的故事吧!

亚斯纳亚－博利尔纳的回忆

1828年9月,亚斯纳亚－博利尔纳的大叶白蜡林正是郁郁葱葱时,村子里光照最好的山丘下面,有一条漂亮的菩提树小道。雨后,路上会出现很多大大小小的水坑。跟着水坑慢慢前行,就会看到菩提树中间若隐若现的篱笆。篱笆的另一边是广阔的草地,草地尽头黑漆漆的,是一片看起来有些可怕的森林。

这是透过一栋两层楼房的窗户看到的风景,列夫·托尔斯泰就出生在这栋房子里。这栋房子一共有四十二个房间,可想而知是多大的房子了吧。

列夫在五兄妹中排行老四,他对自己的父母几乎没有什么

印象。因为在他两岁的时候母亲去世,九岁时父亲也去世了。

年幼的列夫心中对父亲留有些许印象。在他的印象中,父亲不高不矮,体格还算健壮,虽然嘴角时常露出浅浅的笑容,但眼神看起来却很悲伤。

列夫的父亲曾在军队服役,法国的拿破仑率领军队攻进俄国时,在战场上战斗的父亲还曾经成为俘虏。

战争结束后,父亲回到了家乡。他好像对世事失去了兴趣,只是平静地在山沟里待着。他虽然是伯爵,但每天只狩猎,或者管理农业。其实这是有原因的。

当时，俄国的沙皇对国民施行着可怕的统治，只要有人反抗，就会把他送到寒冷的西伯利亚。在那样的一个时代里，最悲惨的是农民。他们要租借贵族的土地耕种，跟奴隶没什么两样。因此，人们把农民称作干农活的奴隶，即农奴。

农奴辛苦收获的粮食要原封不动地上交给贵族，没有贵族的允许，也不能随心所欲地去任何地方。不仅如此，贵族买卖土地时，还会连农奴一起卖掉。农奴一辈子都没有自己的土地，像奴隶一样辛苦工作，却只能蜷缩在摇摇欲坠的窝棚里瑟瑟发抖。如果问农奴的梦想是什么，他们会说希望能够拥有自己的一点点土地，以及吃不完的面包，哪怕是发霉了也没关系。

看不下去的年轻知识分子和学生们，为了解放农奴，发动了起义。他们认为，俄国要想发展到欧洲的水平，必须废除农奴制。这就是著名的"十二月党人起义"。不过这场起义最终以失败告终，起义者有的要么被处以了死刑，要么被流放到了人烟稀少、天寒地冻的西伯利亚。

列夫的父亲之所以不与外部世界沟通，甘愿踏踏实实地待在小山沟里，正是因为这样的局势。

托尔斯泰伯爵虽然也是一个拥有广阔土地和大量农奴的地主，但与其他地主不同的是，他不会无缘无故折磨农奴。

年幼的列夫经常呆呆地盯着会客厅沙发旁边的钢琴，回想已经去世的母亲。父亲告诉他，母亲不是很漂亮，却是一个亲切、有教养的贵妇人。她弹得一手好钢琴，绘画水平也很高。不仅如此，口才也称得上一流，只要她一张口，就会让听众竖起耳朵，她的话语经常令人感动不已。这样的口才来自认真观察事物的习惯和自由的想象力。不知道是不是遗传了母亲的才能，列夫很小就表现出了与众不同的观察力和想象力。

亚斯纳亚－博利尔纳是一个位于莫斯科南部的偏远山村，这个小山村就位于通往历史古都基辅的路边。

　　基辅拥有历史悠久的教堂和修道院,所以俄国人把基辅看作非常神圣的都市,每天去教堂和修道院的人络绎不绝。沿着郁郁葱葱的菩提树中间的小道去往神圣都市的人们,看起来就像列队前行的蚂蚁一样,浩浩荡荡,望不到尽头。

　　朝圣者偶尔会在亚斯纳亚-博利尔纳借宿。他们光着脚,穿着破破烂烂的衣服,背着破旧的背袋(用破布做成的背囊),看起来很寒酸,但眼神却明亮而平和。

在亚斯纳亚－博利尔纳借宿时,朝圣者们会给列夫讲有趣的老故事——贫穷却相亲相爱的人们的故事,充满智慧的老人的故事……朝圣者们的故事既像在世界各地飘来飘去的风,也像夜空中一闪而过的彗星,给人一种神秘而渺然的感觉。

朝圣者中有一个叫穆什卡的人。他是一个纯真、不会说谎的老实人,有着一颗虔诚的信仰之心。有一天晚上,穆什卡跪在地上,一边流泪一边喃喃自语,可能是在背诵祈祷文。他双手合十放在胸前,低着头,与泥土、草地、树木、月光融为一体,认真祈祷的穆什卡看上去就像圣人一样高大。列夫被穆什卡深深地感动了。

长满白车轴草的院子是列夫兄弟的游乐园。他们有时会整整齐齐摆好三把椅子，然后在中间跳来跳去；有时会玩翻跟头，从这边的菩提树一直翻到另一边的宽叶白桦树。玩着玩着膝盖会不小心碰到柞树，他们并不觉得疼，只会开心地哈哈大笑。

　　有一个游戏一直留在列夫的记忆深处。那就是大哥尼古拉发明的"蚂蚁兄弟"游戏。在充斥着泥土气息、青草味、马粪味的草地上，用四把椅子围成一个圈，再用一块大布盖在椅子上面，"蚂蚁村"就建成了。掀开盖布的一角钻进去，真的像进了蚂蚁洞一样，四周一片漆黑。

在这个黑漆漆的"蚂蚁村"里滚来滚去,兄弟之间更加相亲相爱了。

尼古拉发明的游戏中,还有一个比较有趣的,就是把可以让全世界人民和平相处、幸福生活的秘密写在绿色棍子上,然后把棍子埋在后山上。

弟弟妹妹们很好奇那根绿色的棍子埋在了哪里,尼古拉骄傲地说埋在了任何人都找不到的地方。那根写着可以让所有人都幸福的秘密的绿色棍子,成为列夫生命中一个珍贵的记忆。

丑陋的地主列夫·托尔斯泰

列夫九岁时父亲去世，暂时由大姑妈照料托尔斯泰兄妹几人，可没过多久大姑妈也去世了，托尔斯泰兄妹不得不去小姑妈家生活。当时，小姑妈家位于伏尔加河边历史悠久的城市喀山。

喀山有六所大学，所以托尔斯泰兄妹才有很多机会去大学读书。列夫最擅长的是语言学，大学入学考试时，他的阿拉伯语和土耳其语等语言考试都得了满分，但需要大量背诵的历史和地理等科目，分数却少得可怜。

列夫为什么在背诵科目上考得不好呢？当然是因为他没有认真学习。列夫的精力都放在了其他奇怪的地方，没有认真准备考试。他总是会习惯性地陷入小时候就沉迷的空想、想象、沉思中。

就这样想着想着，他突然觉得世界上的人过得并不是那么幸福，瞬间变得悲伤起来。列夫很不解，"人们为什么更爱自己呢？"

　　一想到所有人都会在某一天死去，列夫就觉得现在应该尽情地享受快乐。因此，他曾经连续几天躺在床上，看自己喜欢的小说，也曾经花光口袋里的钱，买了一堆抹了蜂蜜的高级饼干。

　　他也因此接连两次在高考中落榜，直到第三次才穿上校服成了大学生。鼻子下面依稀可见的胡须与校服上的绿色羽毛相得益彰，让列夫看起来像个成熟的大人。

　　好不容易考入大学，列夫并没有认真学习，整日流连于舞会和社交聚会。他会穿着帅气的西装去剧场，也会去假面舞会与漂亮的女学生跳舞。

　　当时，列夫经常因为自己土气丑陋的外貌而苦恼。松弛的脸部皮肤、无精打采的小眼睛，自己看着也觉得很愚钝，而且他还很容易害羞。朋友们并不怎么喜欢列夫。

　　因为无法从大学生活中感受到乐趣，列夫偶尔会跟朋友们一起去喝酒，消磨时光，事后又会像犯了罪一样自责。

随着年级的升高,列夫越来越苦恼——"在大学里到底能学到什么呢?"当时,与其说大学是一个探究学问和真理的地方,不如说只是一个买卖知识的地方。列夫很好奇,凭借大学里学习的知识,真的能够成为对世界有用的人吗?他经常会把这样的苦恼写在日记中。

为列夫指引了新出路的人就是法国哲学家卢梭。列夫读了卢梭的作品,感触良多。卢梭虽然从未上过学,却开辟出了自己的路,而且总是跟贫困的人站在一起,努力寻找真理。

列夫认识很多贫困的弱势人群——贫穷的农民,穿着脏兮兮的土布衣服的下人,以及如老实人穆什卡一样的朝圣者……

这些是列夫从小就在身边见过的人。他觉得卢梭所爱的那些弱势贫困的人，应该就是这样的人吧。

列夫越来越尊敬卢梭，甚至把卢梭的样子刻在勋章上，整日挂在脖子上。

列夫想像卢梭一样生活，但喀山这个城市让列夫越来越放荡——不分昼夜地饮酒享乐，醒来就开始自责，第二天继续饮酒享乐，醒后又开始后悔，就这样不断饮酒享乐，不断后悔……列夫渐渐厌倦了喀山的生活，那些自以为是的大学生和傲慢的贵族也让他厌恶不已。

十九岁的列夫继承了家乡广阔的土地和父亲的爵位，成为列夫·托尔斯泰伯爵。

成为地主后，列夫·托尔斯泰决定回到家乡，教导并帮助农民发展农业。农民整天穿着脏兮兮的土布衣服，光着脚在烈日下干农活。他们住的房子跟羊圈和马厩差不多，雨天漏雨，墙皮唰啦啦往下掉，所谓的食物也只有一块硬邦邦的面包而已。有时连硬面包都没有，只能饿着肚子睡觉。

在农民眼中，托尔斯泰只不过是一个不懂事的富家少爷，不管他多么和善亲切，与自己也是不同世界的人。托尔斯泰去耕田时，大家总会在背后嘲笑他。

感到在农村生活也不顺畅，托尔斯泰抑郁不已，一气之下去了莫斯科，再次沉迷于饮酒享乐的颓靡生活。但是他很快就厌倦了，决定要重新读大学，可是在那里他还是一如既往地沉迷享乐，挥霍钱财。重新回到家乡后，托尔斯泰整日读书、狩猎，消磨时光。当怀念城市生活时，他会悄悄地去莫斯科兜风。

他通宵喝酒玩扑克，凌晨时结束，走在街上，看着路灯一个个熄灭。然后他会来到广场上转一圈，看着驿站马车逐渐增多，拿着工具包的工人一个个从黑漆漆的胡同里走出来……

有一次，托尔斯泰在凌晨的街道上徘徊了很久，白蒙蒙的雾早已把肩膀打湿，他默默地思考着以后要干什么，很是迷茫。突然，脑海中出现了一个想法，要不然做个作家？他从小就有与众不同的观察力，喜欢沉思和自由想象，眼下的生活激起了他写作的欲望。

在高加索地区当兵的大哥得到休假的机会，回到了家乡。在城市和乡村都没有找到明确出路的托尔斯泰，决定跟着哥哥去高加索。

成为作家

位于欧洲和亚洲之间的高加索,属于高山地区,山脉高耸入云,全长上千千米,绵亘蜿蜒。那里的人们就像沿着地平线蔓延一样,健康而有活力。

在高加索遇到一位老猎人,托尔斯泰一有时间就会跟着他去狩猎。休息时,老猎人就会给托尔斯泰讲各种故事,这些故事全都与森林里的树木花草鸟兽的交流、雨后竹荪和鼠李散发着的香气、风吹向何处等有关。老猎人讲的故事就像强劲有力的回音一样,久久地在托尔斯泰耳边徘徊,给他注入了活力。

1851年,通过士官考试成为军官的托尔斯泰,因为关节神经痛,去温泉疗养。他就是在这里创作了思考良久的小说《童年》。

　　《童年》是一部自传体小说，借对主人公的描写，再现了托尔斯泰的童年时光。一起读书玩耍的兄弟们、穆什卡、浑身散发着马粪味的下人们，以及家乡的草原和宽叶白桦树林、云雀和紫色的堇菜……美丽的故事会时不时地从作品中冒出来。

　　托尔斯泰把这部小说寄给了当时俄国最著名的文学杂志《现代人》，读了小说的人都很好奇托尔斯泰是谁。屠格涅夫、陀思妥耶夫斯基等著名小说家也对这部小说赞不绝口。

　　信心倍增的托尔斯泰继《童年》后，又写了《少年》和《一个地主的早晨》。

　　托尔斯泰想回到家乡，专心写作。当他准备辞去军官职务时，俄国和土耳其爆发了战争，他想详细了解战争，于是去了塞瓦斯托波尔海军基地。

塞瓦斯托波尔海军基地位于克里米亚半岛南部,是一个港口城市。这场战争最初是俄国和土耳其之间的战争,后来英国和法国也宣布参战,战争越来越激烈。

英国和法国的舰队纷纷涌向克里米亚半岛。俄军封锁了港口,召集大量市民,修建了高高的要塞。炸弹一颗接一颗,到处都是爆炸声和刺鼻的火药味,硝烟弥漫,战火连天。托尔斯泰和无名的士兵们一起勇敢战斗,但要对抗英国和法国两个国家,俄军力量实在是太弱小了。最终,法国把国旗插在了要塞上,俄军被迫退到了北部。

在子弹穿梭的战场上,托尔斯泰完成了三部小说,分别是《十二月的塞瓦斯托波尔》《五月的塞瓦斯托波尔》《八月的塞瓦斯托波尔》。翻开小说,满眼都是笼罩在腥风血雨中的城市、被敌军包围的街道,以及勇猛的无名士兵和四处逃难的人。

当读到贵族出身的军官在战场上赌博、吵架的章节时,人们又会哭笑不得。俄国沙皇读完这些作品后,一边流泪一边说:"不要再让这位作家去危险的地方了。"塞瓦斯托波尔的故

事就这样感动了所有俄国人。

经历了战争后,托尔斯泰感受到了战友的爱和普通人的爱。他认为,对弱势贫苦人的爱与对战友的爱并没有什么不同。贫苦的农民、饥肠辘辘的工人、年轻的士兵……托尔斯泰与他们一起分担悲伤和痛苦的方法,就是把他们的故事写出来。

直到这时,托尔斯泰才明白,文学才是自己应该走的路。他曾在某一天的日记中写下这样一句话:"我的天职是文学,写作吧,不停地写下去。"

战争结束后，托尔斯泰成为联络官，去了圣彼得堡，在那里，他遇到了很多著名作家。这些作家一直很想见托尔斯泰一面，所以非常热情，大家都对托尔斯泰的作品交口称赞。

但是，与作家们交往并没有让托尔斯泰感到很快乐。所有的作家都是安静、讲礼貌的人，语气就像绸缎一样柔软温和。而刚刚从战场上回来的托尔斯泰，说话就像打机关枪一样快，性格也很粗暴，再加上喜欢刨根究底，经常会和别人发生争吵。疲惫的托尔斯泰越来越不喜欢与作家们交往，城市生活也让他觉得越来越憋闷。

托尔斯泰向部队提交了辞职书，重新回到了家乡。第二年，他去了法国、德国、瑞士等国家旅行。当时这些国家的艺术、思想、政治等方面的水平都领先于俄国，因此，包括文学家在内的俄国知识分子经常会去欧洲学习。

到达巴黎后，托尔斯泰经常去大学听课，去看话剧，去音乐会鉴赏音乐，也经常与小说家屠格涅夫见面。

在瑞士的街道上，他看到了一边弹吉他一边唱歌乞讨的乐师，也看到了那些挥金如土的游客听完歌后并不给钱，而是嘲笑乐师。气愤不已的托尔斯泰叫上乐师一起喝酒，并送上暖心的安慰。

托尔斯泰登上了白雪皑皑的阿尔卑斯山，去了学生时期的偶像卢梭的家乡，然后去温泉修养。然而他还去了那里著名的赌场，输了个精光，变成了穷光蛋，不得不返回家乡。

在西欧旅行途中，托尔斯泰意识到了教育的重要性。与西欧各国相比，俄国没上过学的人太多了。他认为，农民如果能够多学习知识，一定不会过得像现在这样悲惨。

于是，托尔斯泰在村子里盖了一所小小的学校，那是一栋简单却温馨的二层小楼。不收学费，也没有固定的教学时间表和教科书，不过有托尔斯泰喜欢的阅读和写作，孩子们可以自由地选择自己喜欢的内容学习。

托尔斯泰虽然创办了学校，却没有教学经验，于是他再次踏上了旅途，他希望能够在教育制度发达的西欧学习应该怎样教学和教什么。去了德国的托尔斯泰，结交了众多社会学家和历史学家，听到了很多有益的故事。

他还去了工人们的夜校听课，正好赶上著名学者在给工人们讲课。托尔斯泰看到穿着破旧工作服的工人直接向学识渊博的学者提问，自由地阐述自己的看法，感触颇深。

他还见到了在疗养的大哥尼古拉。看起来大哥就像枯草一样弱不禁风，心疼的托尔斯泰把大哥带到了气候温暖、空气清新的地中海地区。可病情恶化的大哥最终还是离开了这个世界。大哥的死让托尔斯泰陷入了极度的悲伤中，甚至一度放弃写作。

走到农民中去

托尔斯泰在西欧旅行期间,俄国沙皇颁布了有关废除农奴制的法令。因为西欧接二连三传来农民过上自由生活的消息,俄国很怕本国民众也会揭竿而起,所以颁布了该法令。该法令的内容中规定农民不仅可以拥有自由身,还能拥有土地。听到这个消息的托尔斯泰,开心地回到了家乡。

但是,回来后他才发现,这个法令并没有让农民完全得到自由。农民依然像以前一样向地主租借土地耕种,而且还需要缴纳高昂的土地租赁费。所谓的变化,就是农民可以拥有一块份地,但份地在法律上仍属于地主,当受到地主的不公正对待

时，可提出抗议。

　　托尔斯泰跟农民站在同一个阵营，当地主欺骗农民，不择手段地抢夺土地，或者鞭笞农民时，他就会去举报那个地主。对地主们来说，托尔斯泰就是眼中钉、肉中刺，但对农民们来说，他却是一个值得信赖和依靠的朋友。

　　托尔斯泰的房子前面，有一棵老榆树，农民们如果有事情要找他商量，就会在榆树下聚会，于是人们把这棵榆树叫作"穷人树"。

托尔斯泰与农民一起耕种,一起分享收获的粮食,有时还会与农民学校里的孩子一起摔跤,一起玩雪橇,即使孩子们空着手来上学,他也不会说什么。没有学费,也没有教科书,孩子们在学校里自由地学习交流。托尔斯泰的农民学校取得了良好的反响,邻村也陆续出现了二十一所相同的学校。

当时,托尔斯泰的教育方法非常新颖,经常会受到秘密警察的监视。警察担心托尔斯泰教给孩子自由主义思想,然后计划进行"十二月党人起义"一样的叛乱。

趁着托尔斯泰生病去疗养时，警察袭击了村子。他们二话不说就闯进了托尔斯泰家里，把阁楼和地板全都拆了。村子里的人都吓坏了，再也不敢让孩子去上课了。

学校就这样关门了。

结 婚

　　结束疗养回到家的托尔斯泰,看到被砸得面目全非的家和被迫关闭的学校,非常伤心。

　　难道是因为郁闷的内心需要安慰吗?托尔斯泰对一个姑娘敞开了心扉。她就是劝托尔斯泰去疗养的医生的三女儿,名叫索菲亚。对于托尔斯泰的求婚,索菲亚不假思索就答应了,可见她也很喜欢托尔斯泰。他们很快就举行了婚礼。

　　索菲亚性格开朗,是一个非常有教养的女性。虽然比托尔斯泰小十六岁,却完全可以担起一个小说家妻子的重担。在家乡过着新婚生活的托尔斯泰,度过了一段甜蜜幸福的时光。索菲亚为自己的丈夫是著名小说家而自豪,为了让托尔斯泰写出更好的作品,竭尽全力地在背后支持他。无论是烦琐的家务活儿,还是令人头疼的资产管理,她都处理得井井有条。

托尔斯泰开始创作很久以前就在计划的《战争与和平》。这部小说主要讲述了俄国与拿破仑军队之间的战争、十二月党人起义，以及领导者被发配到西伯利亚后重新回来的故事。托尔斯泰在欧洲旅行时，听参加过十二月党人起义的人讲述了当时的故事，并认真地记录了下来。为了创作《战争与和平》，他翻阅了图书馆大量的资料。

托尔斯泰在一张张纸上写满别人很难辨识的文字，索菲亚就负责把这些内容简化，然后再抄写成工工整整的文字。可以说，当时俄国很多人都读了《战争与和平》，这部小说成为世界文学中首屈一指的杰作。

写完《战争与和平》后，托尔斯泰的内心深处好像被穿了一个洞，总觉得空荡荡的。心情会突然抑郁，又会突然明朗，根本无法控制。他需要找一件可以让自己聚精会神去做的事情。

托尔斯泰为了重新给村子里的孩子们上课，开始编写教科书。他走遍俄国的大街小巷，收集传说和俗语，把数学和科学变得简单有趣，然后编写了教科书《启蒙读本》。他觉得编写教科书是一件比创作《战争与和平》更有意义的事。

他用这本教科书给村子里的孩子们上课，有时还会去城市里讲课。此外，他还会给工厂里的女性工人上课。

托尔斯泰很想在村子里创办高级学校，但是条件非常有限，所以他没有创办高级学校，而是编写了教科书《读本》，希望无法去高级学校学习的孩子们，能够通过《读本》自主学习。

战争与和平

内容简介

法国和俄国爆发战争后,青年公爵安德烈·保尔康斯基把怀有身孕的妻子交给父亲和妹妹照顾,然后奔赴前线。安德烈的朋友皮埃尔继承了别祖霍夫伯爵的财产,与艾伦结婚,但是婚后的生活并不如意。婚后不久,皮埃尔听说了妻子与好友的暧昧传言,最终与妻子分居,开始了全新的生活。传言在战争中战死的安德烈经过千辛万苦回到了家乡,可就在当天晚上,他的妻子产下一名男婴后便死去了。

战争停止,重新迎来了和平。安德烈遇到了罗斯托夫公爵的女儿娜塔莎,并对她一见倾心。虽然他们订下了婚约,但是在安德烈去国外旅行期间,娜塔莎没能遵守约定,他们的婚约随之宣告无效。

法国和俄国又爆发了战争,参战的安德烈身负重伤。娜塔莎遇到了安德烈,深深忏悔了自己犯的错,全心全意地照顾安德烈,但最后安德烈还是死去了。

战争以俄国的胜利而告终,皮埃尔在莫斯科遇到了娜塔莎,直到这时,他才明白其实自己一直深爱着她,最终两个人结婚,过上了幸福的生活。

安德烈

重视名誉，非常现实的年轻贵族。在战争中身负重伤，感受到了生命的虚无，伤口恶化后死去。

皮埃尔

经历过众多变故的苦闷年轻人。明白了人生的目的就是活着，最后与娜塔莎开始全新的生活。

娜塔莎

让安德烈和皮埃尔对生活充满热情，充满活力的女性，完美地展现了托尔斯泰"肯定生命的价值"思想的人物。

电影版《战争与和平》
- 导演：金·维多
- 主演：奥黛丽·赫本
  亨利·方达
  梅尔·费勒
- 片长：208分钟
- 制片国家：美国，意大利
- 上映时间：1956年

- 导演：谢尔盖·邦达尔丘克
- 主演：柳德米拉·萨维里耶娃
  谢尔盖·邦达尔丘克
  维亚切斯拉夫·吉洪诺夫
- 片长：508分钟
- 制片国家：苏联
- 上映时间：1966年

有一天，托尔斯泰正在教室里喝水，一本书映入他眼帘。那是某个作家写的小说，第一句是这样开始的："客人们像潮水般涌进艾尔伯爵的别墅……"托尔斯泰的脑海中就像划过一道闪电一样。

"对，这就是我要的！小说的第一句就应该这样简短有力，自然流畅。"

他立即跑进书房，拿起了笔。他觉得脑海中的语句好像在吵架一样，争先恐后地想要出来。他担心稍微晚一点儿，那些文字就会消失。他匆匆地准备好了稿纸，因为太着急，他胡乱写下了第一句。可他怎么看都不满意，气得把稿纸团起来扔进了垃圾桶。他稳住思绪，试着重新写，但依然不满意，还是把稿纸扔进了垃圾桶。

"必须要像刚才看到的小说的第一句一样，简单自然。"

但是，第三张纸也被他扔进了垃圾桶，接着，第四张，第五张……结果，修改了七遍后，他才完成了第一句。之后，他才开始写下面的内容。

经过长达四年的辛苦创作，小说终于完成了。托尔斯泰给这部小说起名为《安娜·卡列尼娜》，灵感来自某个不幸女人的故事。托尔斯泰通过这部作品，描绘出了虚假的贵族和错误的社会传统。

不知不觉托尔斯泰已经年近五十了。看到自己头发逐渐花白，皱纹逐渐增多，他开始频繁地回顾过去的时光。

托尔斯泰看到夫人这些年攒下的资产，非常羞愧。他深深反省了自己从童年至今的生活，开始写《忏悔录》。他在《忏悔录》中写下了这样一段话：

"我现在的生活并不真实，只是在模仿。所谓真实的生活是流着汗工作，真心分享爱。为此，我必须摆脱像寄生虫一样游手好闲的贵族生活，走到农民中去。"

就在托尔斯泰这样的想法日渐成熟时，他遇到了苏塔耶夫。即使过着艰苦的生活，苏塔耶夫也会认真读圣经，坚守自己的信仰。但他看到教会只是空喊着信仰，并没有付诸实践，失望极了。他把自己的财产分给了贫苦的人，然后回到自己的家乡，做了一个农民。当他遇到偷粮食的人，他会把剩下的粮食一起送出去，遇到偷衣服的流浪女，他会把其他的衣服一起送出去。

这样淳朴的苏塔耶夫，正是托尔斯泰所追求的活出人生意义的人。苏塔耶夫并不是只用嘴巴去实践爱的人，他的话语和行动是一致的。托尔斯泰深深地被实践爱的苏塔耶夫感动了。

安娜·卡列尼娜

内容简介

高位官僚卡列宁有一个贤惠的妻子，叫安娜。她住在豪华的大房子里，过着奢靡的生活，但是她并不快乐，开始厌倦那个满身官僚气息、超级理性的丈夫。安娜与青年军官渥伦斯基伯爵陷入了不伦恋，被丈夫发现后，坦白了一切。但是，卡列宁为了自己的体面，无论如何也不同意离婚。最终，安娜和渥伦斯基私奔，到国外去旅行。

他们两个人旅行归来后，被社交圈排除在外，他们又去了渥伦斯基的领地，过起了乡村生活。爱热闹的渥伦斯基无法忍受枯燥的乡村生活，与安娜的关系也越来越疏远，对安娜的爱渐渐冷却。他越是疏远，安娜对他就越执迷。后来安娜听说了渥伦斯基谈婚论嫁的消息，这让安娜失去了活下去的希望，纵身一跃跳入轨道自杀了。两个月后，渥伦斯基难以忍受良心的谴责，决定参加塞尔维亚的独立战争，带着一群人奔赴战场，只求一死。

安娜
　　奋不顾身爱上青年军官渥伦斯基的女人。为了渥伦斯基放弃了家庭，却因为过度执迷而走向死亡。

渥伦斯基
　　背弃未婚妻与安娜私奔的青年军官，后又抛弃了安娜。

电影版《安娜·卡列尼娜》
· 导演：朱利恩·杜维威尔
· 主演：费雯·丽
　　　　拉尔夫·理查德森
· 片长：111分钟
· 制片国家：英国
· 上映时间：1948年

· 导演：伯纳德·罗斯
· 主演：苏菲·玛索
　　　　肖恩·宾
　　　　阿尔弗雷德·莫里纳
　　　　詹姆斯·福克斯
· 片长：108分钟
· 制片国家：美国，俄罗斯
· 上映时间：1997年

该怎么办

　　1881年秋，为了孩子能够接受更好的教育，托尔斯泰一家搬到了莫斯科。索菲亚经常带着女儿参加舞会和演奏会，享受奢靡的城市生活，而托尔斯泰却穿着农民的羊皮外套，去山里砍树。

　　有一天，莫斯科市里展开了"贫民调查"，调查莫斯科有多少贫困人口，以及他们是怎样生活的。参与了这项调查的托尔斯泰非常心痛，看到贫穷的人蜷缩在黑漆漆的洞穴一样的房间里挨饿，见不到一丝阳光，他伤心地哭喊起来：

　　"人怎么能如此悲惨地活着呢？！"

　　可同情心并不能解决穷人的饥饿和贫困，慈善团体发放的救助金也无法解决贫困。

只要有无视国民痛苦的沙皇，只要有花钱如流水的贵族，只要有鞭笞农民的地主，贫苦的人会一直存在。托尔斯泰认为，如果想让贫苦的人越来越少，就必须改变社会制度。

就像军人拿着武器战斗一样，托尔斯泰拿起笔继续写作。他通过作品《那么我们该怎么办》表达贵族也应该流着汗工作的主张，他还指出不懂得用爱去管理国民的沙皇也有错。

沙皇和贵族看了这本书被气得火冒三丈，他们禁止在俄国销售这本书。而在国外这本书大受欢迎，很快就销售一空，托尔斯泰的名声传遍美国，也传遍了亚洲。

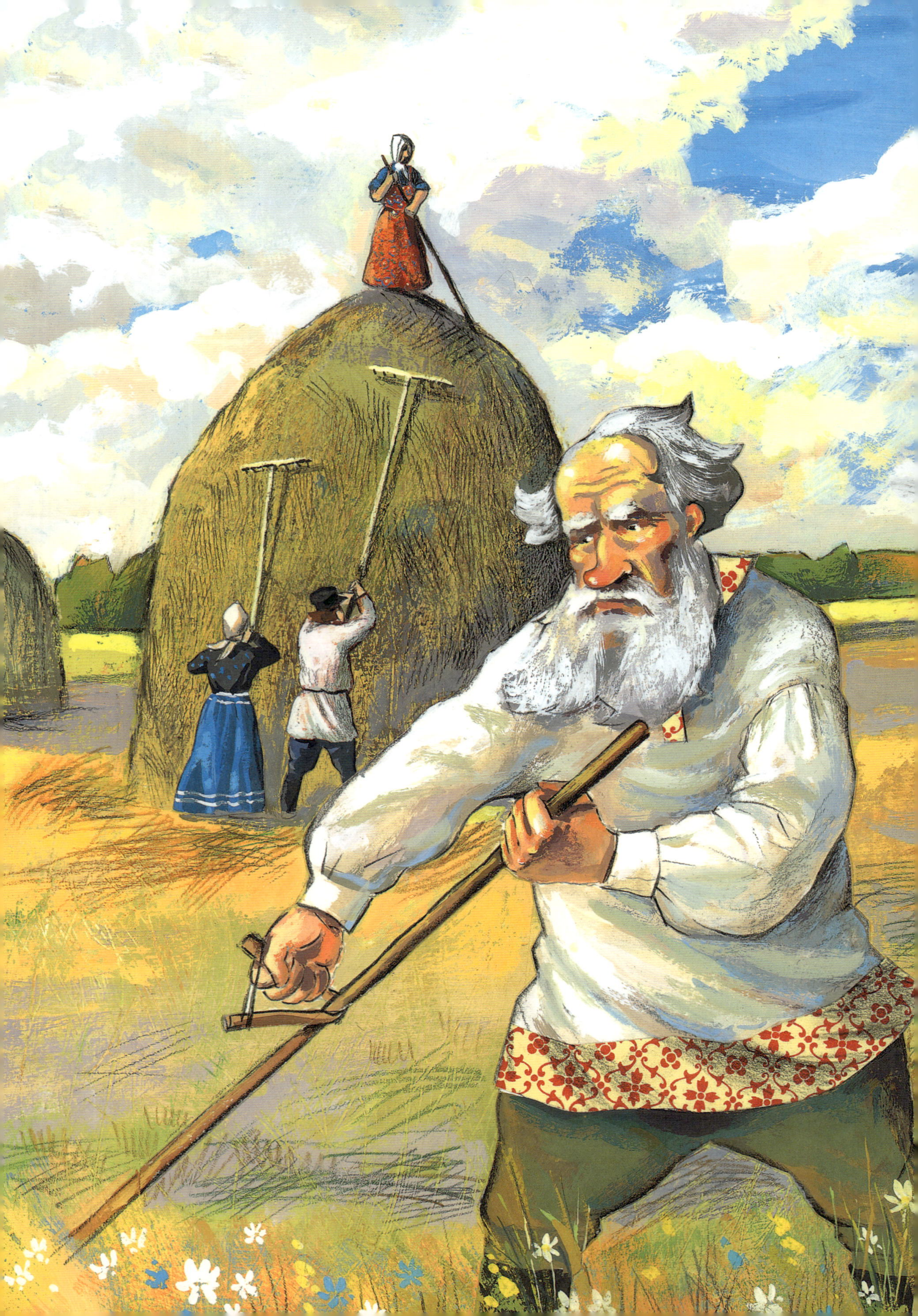

有一段时间，托尔斯泰因为大哥的去世悲痛不已。他为了平复内心的悲痛，努力逼自己去读书，听音乐，可还是很悲痛。

　　当时，让托尔斯泰的心平静下来的是劳动。他发现只有在汗流浃背工作的时候，才会忘记一切悲伤和痛苦。

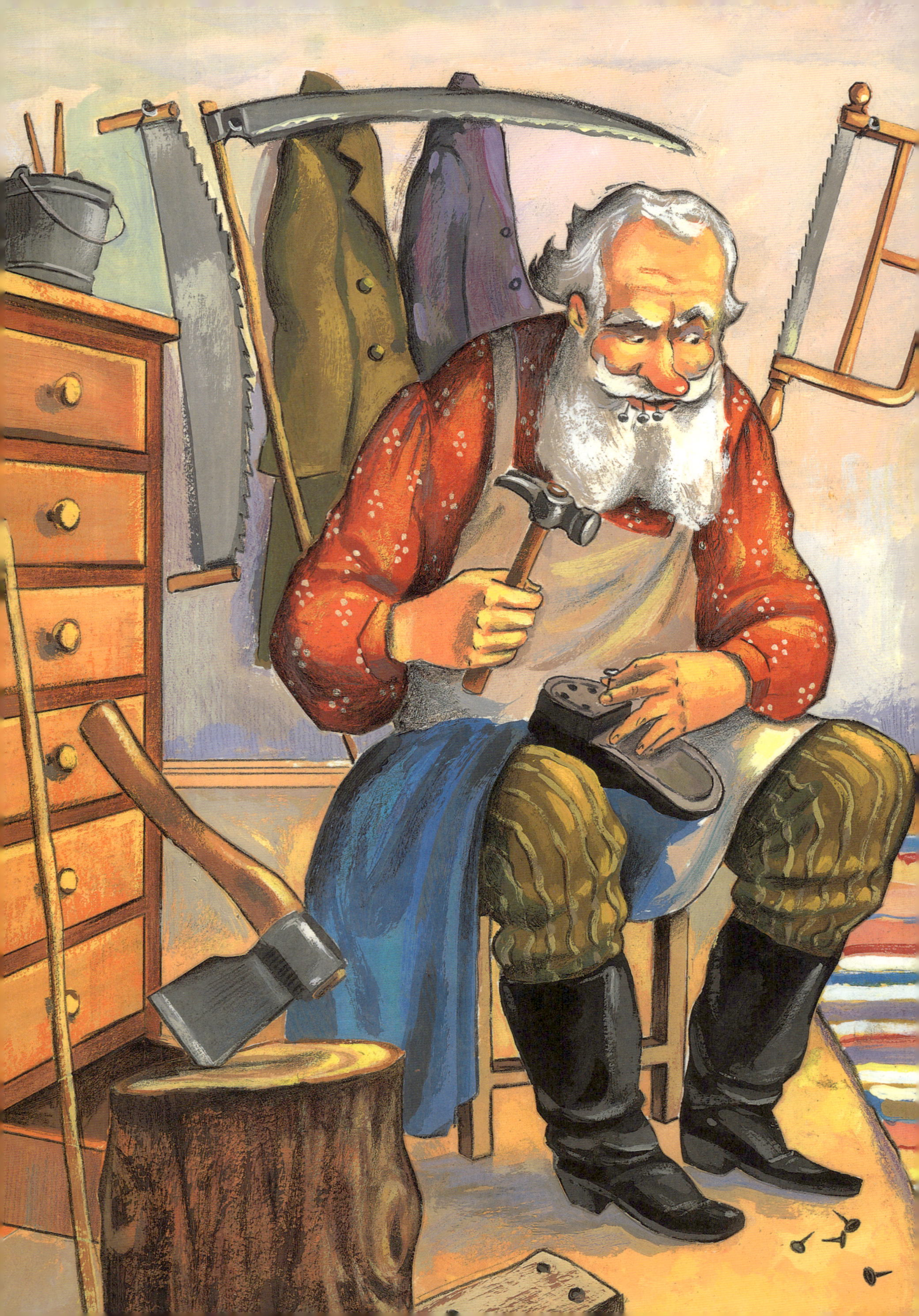

托尔斯泰很想成为真正的农民。他摒弃贵族的生活习惯，像农民一样干活儿，像农民一样吃粗茶淡饭。他亲自动手给自己做了一双长靴，还学会了使用锯子和刨子，把摇摇欲坠的仓库修建得结结实实。他还戒掉了烟酒，甚至觉得狩猎是一种奢侈生活，也不再狩猎了……他回家乡度过的时光越来越多。

托尔斯泰与农民一起干活儿，一起生活，一起交谈。农民的语气有时像牛吃草一样缓慢，有时像夏季的雷阵雨一样畅快。农民的语气中散发着泥土的气息、青草的气息、风的气息。

托尔斯泰模仿农民的语气，创作了一本非常有趣的童话《傻瓜伊万》。童话中的傻瓜伊万是一个非常善良的人，没有任何贪欲。如果大哥向他要粮食，他会说"啊，好的，都拿走吧，我再去收就好了"。如果二哥向他要钱，他会说"啊，好的，都拿走吧，我再去赚就好了"。即使恶魔想让伊万兄弟吵架，也每次都会因为伊万善良的品性而失败。

也许善良不贪心的傻瓜伊万就是托尔斯泰一心想成为的人，因为傻瓜伊万也是一个像苏塔耶夫一样，懂得去实践爱的人。

托尔斯泰把自己从苏塔耶夫身上所学到的实践的爱分享给了更多的人。人们在莫斯科附近组建了"托尔斯泰村"，一起汗流浃背地工作，一起分享劳动成果。随着时间的流逝，越来越多的人把托尔斯泰当作自己的老师去跟随。

托尔斯泰的夫人索菲亚却对不写小说、整日"不务正业"

的他越来越不满。在她眼中，小说家的名声远比社会工作者的名声重要得多。因此，他们两个人之间的争吵越来越频繁。

某一年，俄国遭遇了严重的干旱灾害。整个夏天都没有下雨，农作物几乎颗粒无收，好不容易收获的一点儿粮食全都上交给了贵族，农民们整日食不果腹，被饿死的人越来越多。

很多农民被迫抛弃自己的房子和土地，过上了漂泊的生活。

托尔斯泰搭建了免费的供餐点，为农民分发食物，于是人们纷纷给托尔斯泰捐赠金钱、粮食、衣物等。托尔斯泰领导的助农运动很快就传播到俄国的各个角落，甚至传到了其他国家，其他国家的人也送来了大量的粮食。

俄国政府不想让别的国家知道自己国家的农民正在挨饿，可因为托尔斯泰的助农运动，俄国的悲惨现状传到了其他国家，这让托尔斯泰成了政府的眼中钉。

托尔斯泰越来越不明白国家到底是什么，看到越来越多的人被饿死，政府却束手无策，只是漠然地袖手旁观。托尔斯泰重新拿起了笔，他写道：人们挨饿的原因不是干旱，而是政府的无所作为，是用暴力统治国民的国家。

心存信仰的托尔斯泰还批判了只知道用嘴空喊爱的俄国教会，他用笔告诉大家，真正的信仰是要去实践爱，去军队拿起枪战斗并不是实践爱，而是违背"爱"和"和平"精神的做法。

很多青年人读了托尔斯泰的文章，开始拒绝去参军。出现了数千名反仪式派教徒拒绝参军的事件，这在整个俄国闹得沸沸扬扬。宣扬其"为灵魂做斗争的人"的反仪式派，是俄国正教会里分离出来的一支派系。

俄国政府把反仪式派的人流放到了很远的地方，没有分给他们耕地，也禁止他们相互联系。既不能种地，也没有其他能够挣钱的途径，这些人根本无法生活。反仪式派的人们决定去国外生活，但这么多的人，需要很大一笔钱。托尔斯泰很想帮助他们，于是匆匆完成了很久以前计划的小说《复活》，把出版后获得的钱全部送给了反仪式派的人。在托尔斯泰的帮助下，七千多人移居到了加拿大。

在小说《复活》中，有一个在监狱里做礼拜的场面。俄国教会认为那个场面是在嘲笑教会，宣告将托尔斯泰破门（革出教会）。人们纷纷给托尔斯泰寄去安慰的信件和花束。

复活

内容简介

年轻的聂赫留朵夫公爵诱奸女仆玛丝洛娃后，去参军了。玛丝洛娃怀孕，被赶出了家门，生下的孩子也夭折了。艰难度日的玛丝洛娃改名为卡秋莎，成了一名妓女，后来被指控谋财害命而受到审判。以陪审员资格参加审判的聂赫留朵夫公爵忘记了过去的事情，宣告卡秋莎有罪。很快他就发现卡秋莎的不幸都是因为自己，他开始忏悔，决定拼尽全力拯救卡秋莎。虽然一开始卡秋莎嘲笑他的忏悔和好意，但是慢慢地被他的真心所打动。聂赫留朵夫陪着卡秋莎流放西伯利亚，在荒凉的西伯利亚拥有了全新的灵魂……

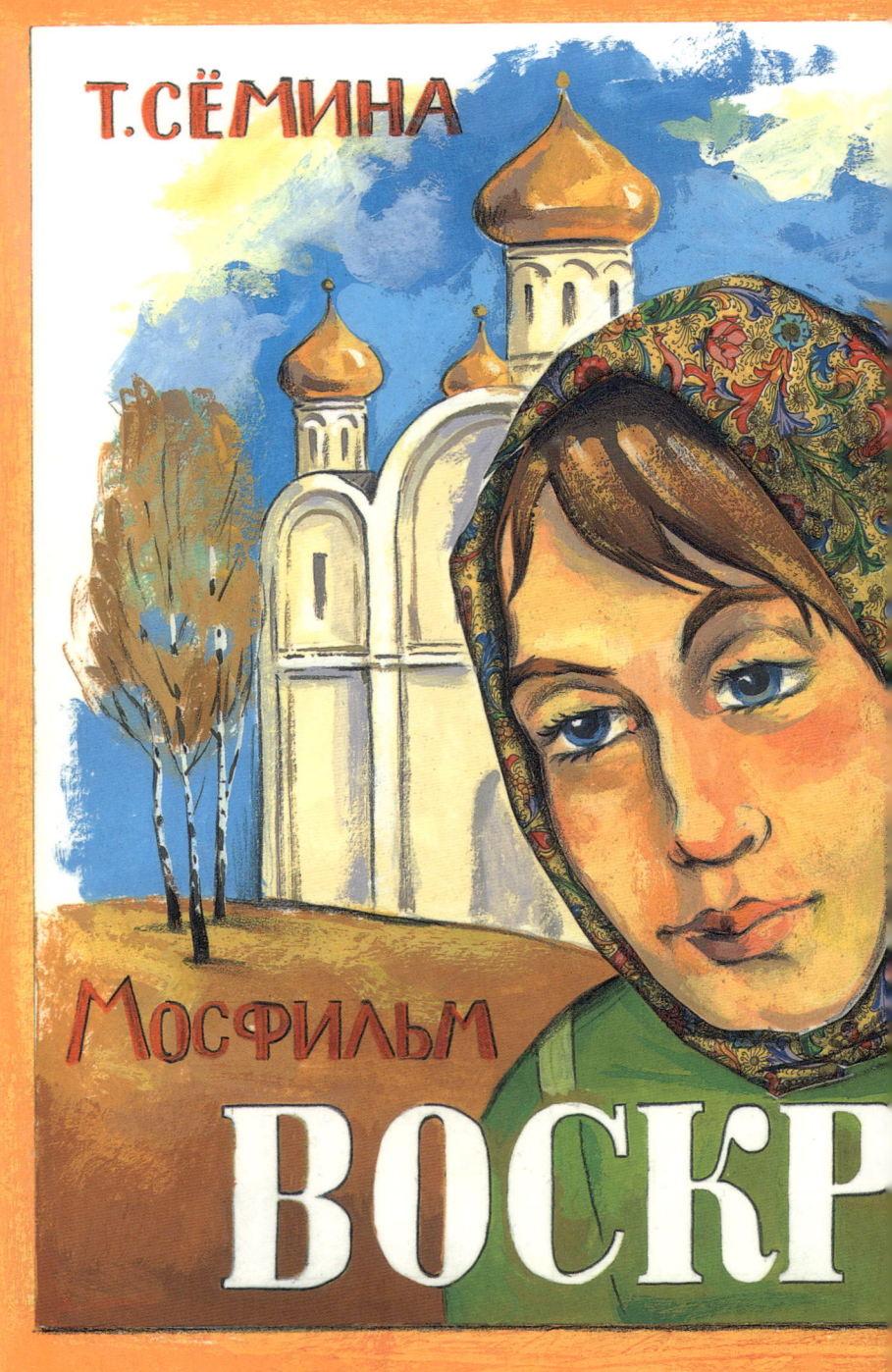

聂赫留朵夫

　　引诱女主人公卡秋莎的年轻贵族。后来认识到自己的罪过和贵族特权的不合理,并深深忏悔,拼尽全力拯救卡秋莎。

卡秋莎

　　拥有一颗善良的心。因为聂赫留朵夫过上了不幸而悲惨的生活,但是最终还是原谅了他,使聂赫留朵夫拥有了全新的灵魂。

电影版《复活》

- 导演：米哈伊尔·施维采尔
- 主演：塔玛拉·首明娜
　　　　叶甫盖尼·马特维耶夫
- 片长：209分钟
- 制片国家：苏联
- 上映时间：1968年

遥远的朝圣之路

因为整日忙着写作，参加各种各样的社会活动，托尔斯泰的身体越来越虚弱。他决定去一个空气清新、安静的休养地休息。他在那里给沙皇写了文章，其中有关于土地问题的文章。健康状况好转后，他又返回了家乡。

这时，俄国和日本爆发了战争，俄国在这场战争中败给了日本。在战争硝烟还未消散时，国内又爆发了革命。

托尔斯泰既不属于政府阵营，也不属于革命者阵营，他与那些尊重爱和和平的人们属于同一个阵营。虽然国家乱作一团，托尔斯泰的生活并没有发生很大的改变，他依然忙于写作，整理读者来信，在重新开学的学校里给孩子们上课。

1908年9月9日，托尔斯泰迎来了八十岁的生日。年老的托尔斯泰，希望能够安安静静地过生日。因为他太有名了，欧洲、美国、印度等地都准备为这个世界大文豪举办生日活动。不过因为政府的阻挠国内没能举办庆祝活动，但托尔斯泰却在生日当天收到了两千多份庆祝消息。他去莫斯科时，有五万多人为他送行。跟随他的人越来越多。

而与他最亲近的那个人却没有跟随他，那就是他的夫人索菲亚。托尔斯泰总是把财产分给穷人，这让索菲亚很不满。而且托尔斯泰的学生越来越多，经常会来家里找他，这也让索菲亚非常不满。

　　托尔斯泰的学生中，有一个叫契尔特科夫的总是随心所欲地进出托尔斯泰的书房，就像一个秘书。身体和心灵都越来越虚弱的托尔斯泰，委托契尔特科夫帮忙保管原稿和日记，甚至在写遗言时，也听取了契尔特科夫的意见。

　　索菲亚无法忍受丈夫把一切事情交给一个学生处理，经常与契尔特科夫发生争吵，争吵的次数越来越多。托尔斯泰每天夹在他们中间备受折磨，于是决定离家出走。

　　其实，托尔斯泰很久之前就想离家出走了。他认为年老后像印度的圣人们一样，去深山里一边修道一边生活，才是真正的人生。

1910年10月28日凌晨，托尔斯泰留下一封信后就离开了家。

"索菲亚，我知道会让你担心，但我无可奈何……我无法在这个家里待下去了，不是因为你，而是无法忍受贵族的生活了。我准备去一个安静的地方度过余生……不管我去哪里，都希望你们不要来找我。"

托尔斯泰穿着一身破旧的衣服去了火车站，跟在他身边的是一位相识多年的医生朋友，他们去了做修女的托尔斯泰妹妹所在的修道院，准备暂时在那里住一段时间。

托尔斯泰在修道院的事很快传到了索菲亚的耳朵里，索菲亚便开始联系他。托尔斯泰知道索菲亚早晚会跑到修道院来找他，于是他没有确定新的目的地就急匆匆地坐上了火车，离开了修道院。

可能是因为虚弱的身体无法承受长时间的旅行，托尔斯泰在火车上就开始发烧。他无法继续旅行了，医生在一个小火车站下车，找站长租借了一个房间。

躺在车站房间里的托尔斯泰，烧得越来越严重，甚至开始咳嗽起来。医生觉得托尔斯泰的时间不多了，就联系了他的家人。索菲亚和孩子们急匆匆赶了过来。

托尔斯泰病危的消息很快就传了出去，越来越多的人赶到小车站，包括托尔斯泰的朋友、报刊记者、出版社编辑等。听到外面喧喧嚷嚷，托尔斯泰有气无力地说："农民……死去时……不会如此……喧闹。"

　　托尔斯泰连续多天高烧不退，嘴巴都干了。第二天，呼吸越来越粗重，脉搏时有时无，最终安详地闭上了双眼。按照托尔斯泰的遗愿，人们为他举行了一个低调而朴素的葬礼。他被安葬在了家乡——小时候尼古拉哥哥埋藏绿色棍子的地方。

现在，托尔斯泰的灵魂可以沿着小时候常去的那条菩提树小道，像排着队前行的朝圣者一样，踏上遥远的朝圣之旅。

托尔斯泰去世之前，曾经嘱咐女儿把自己在亚斯纳亚－博利尔纳拥有的土地分给农民。女儿遵从了父亲的遗愿，把土地毫无保留地分给了农民。农民们竭尽全力地耕种托尔斯泰送给他们的土地。

一直为穷苦人民而奉献的托尔斯泰也永久地刻在了大家的记忆深处。

| 情报夹 |

艺术王国俄国

俄国的艺术和文化既有与欧洲国家相似的地方，也具备独有的特征。俄国与欧洲多个国家边界相连，自然而然会受到欧洲其他国家的影响，但它也有自己与众不同的历史。俄国的艺术水平非常高，拥有众多杰作，这些杰作现在依然备受大家喜爱。

俄国的独特旋律——音乐

俄国的音乐之花在十九世纪绽放。这个时期，俄国多次举办以前从未有过的演奏会，音乐理论和评论有了很大发展，音乐水平迅速提升。柴可夫斯基、穆索尔斯基、里姆斯基-柯萨科夫等俄国代表作曲家也是在这个时期出现的。尤其是柴可夫斯基，他发展了民谣，展现了俄国的民族性，得到了大众的喜爱。二十世纪顶级音乐家拉赫曼尼诺夫和斯特拉文斯基把俄国的传统音乐继承了下来。

圣巴西尔大教堂

1560年建成，是俄国的代表建筑，位于莫斯科红场南部。

莫斯科爱乐交响乐团

1951年创团，曾在世界五十多个国家演出过的世界级交响乐团。二十世纪顶级作曲家斯特拉文斯基曾担任乐团的指挥。

俄国艺术的代表——芭蕾舞

最能代表俄国艺术形式的就是芭蕾舞。俄国的芭蕾舞有着两百多年的历史，得到国家的全力支持，取得了极大的成就。

尤其是十九世纪，俄国的芭蕾舞取得了飞跃性发展，在这个时期，俄国的优秀舞蹈家们把芭蕾舞带到了全世界。其中，安娜·巴甫洛娃是抒情芭蕾舞的代表演员，她去世界各地巡回演出，为俄国芭蕾舞的传播做出了巨大贡献。

十九世纪九十年代的俄国舞蹈家
第一次表演芭蕾舞《睡美人》的舞蹈家们的合影。这支芭蕾舞的音乐由柴可夫斯基作曲。

俄国引领的新艺术——电影

十九世纪末发明的电影，最初只是一种神奇有趣的热闹。但在俄国，电影发展成了一种艺术形式，具备艺术性和主题意识的俄国电影在世界电影史上留下了重重的一笔。二十世纪初期，第一次展现了蒙太奇技法的爱森斯坦和二十世纪后期被称为电影哲人的塔可夫斯基是俄国代表性电影导演。

《战舰波将金号》的海报
谢尔盖·爱森斯坦以俄国革命时"战舰波将金号"的叛乱为素材，在1925年拍摄完成电影《战舰波将金号》。

| 情 报 夹 |

托尔斯泰时代的伟大作家们

十九世纪是俄国文学的黄金时期。当时俄国的文学历史要比欧洲国家短暂，而且贫乏，但在托尔斯泰等伟大作家登场后，俄国的文学瞬间上升到世界文坛顶级。至今，这个时期的文学作品依然是俄国的顶级古典作品。那么，俄国文学的黄金时期都有哪些作家呢？

俄国现代文学之父——普希金（1799—1837）

普希金，被称为俄国文学之父，他是果戈里的老师，为俄国文学指明了发展方向。他的作品充满了对生活的肯定，确定人类的爱会战胜压迫，受到了世界各国读者的喜爱。有《上尉的女儿》《叶甫盖尼·奥涅金》等众多批判现实主义的诗歌和散文作品。

展现近代小说全新可能性的陀思妥耶夫斯基（1821—1881）

与托尔斯泰齐名的十九世纪俄国文坛著名的作家。其作品栩栩如生地描绘了人类的内心，被认为展现了近代小说全新可能性。在发生了翻天覆地变化的俄国社会中，把自己的苦恼写进了作品，这也是陀思妥耶夫斯基作品的重要特征。其作品对尼采、萨特、马洛等作家和诗人产生了巨大的影响。主要代表作有《罪与罚》《卡拉马佐夫兄弟》《白痴》《群魔》等。

陀思妥耶夫斯基

俄国现实主义文学奠基人——果戈理（1809—1852）

作为近代俄国文学家，果戈理最初在作品中主要描绘微不足道的人，展现俄国最真实的面貌。他对当时俄国社会的悲惨现状和人们面貌，描写得非常准确。果戈理的作品对托尔斯泰、陀思妥耶夫斯基等后辈作家产生了巨大影响。主要代表作有《钦差大臣》《死魂灵》《外套》等。

关注农民的作家——屠格涅夫（1818—1883）

屠格涅夫是著名的诗人、小说家、剧作家。虽然名气不如托尔斯泰和陀思妥耶夫斯基，却因为珍视人生美好的作家意识而备受读者喜爱。屠格涅夫把农民的生活和智慧写进作品，告诉大家农民也是高贵的人。与托尔斯泰活动时期相近，两个人曾经有过交流。虽然两个人性格和意见不合，偶尔还会争吵，却依然是文学好友。主要代表作品有《父与子》《初恋》《猎人笔记》等。

果戈理

普希金博物馆里的普希金纪念碑

假如生活欺骗了你
——普希金

假如生活欺骗了你，
不要悲伤，不要心急！
忧郁的日子里需要镇静：
相信吧，快乐的日子将会来临！
心儿永远向往着未来；
现在却常是忧郁。
一切都是瞬息，一切都将会过去；
而那过去了的，就会成为亲切的怀恋。

普希金

屠格涅夫

| 人物概述 |

1828
出生于俄国亚斯纳亚－博利尔纳，尼古拉·托尔斯泰伯爵的四儿子。

1830
母亲去世。

1837
搬到莫斯科，父亲因为脑溢血去世。

1844
考入喀山大学东方语言专业。

1851
与哥哥尼古拉一起进入高加索炮兵部队。

1852
完成处女作《童年》，匿名在杂志《同时代人》上发表。

1855
参加塞瓦斯托波尔战斗，发表《少年》，回到圣彼得堡。

1857
去欧洲旅行了7个月。

1860
哥哥尼古拉去世。

1862
与索菲亚结婚。

1863
开始写《战争与和平》。

列夫·托尔斯泰
（Lev Tolstoy, 1828—1910）

俄国小说家，思想家。出生于亚斯纳亚－博利尔纳，从喀山大学辍学，回到家乡发起农村启蒙活动，失败后选择参军。在《同时代人》杂志上发表了处女作《童年》后，又先后发表了《少年》和《哈萨克人》等。之后，与屠格涅夫、冈察洛夫等同仁成为至交，发表了《战争与和平》《安娜·卡列尼娜》《复活》等世界名作。此外，还创作了《傻瓜伊万》《两个老人》等民众小说，以及宗教论、艺术论、人生论、戏曲等数不胜数的著作。

亚斯纳亚－博利尔纳托尔斯泰故居，现在是托尔斯泰博物馆

托尔斯泰的肖像画

正在写作的托尔斯泰

如果你连讨厌的人都爱，这个世界上将会没有敌人。

——列夫·托尔斯泰

在杂志《同时代人》活动的作家，左上穿军装的人就是托尔斯泰

莫斯科托尔斯泰博物馆内部

- 1868
出版《战争与和平》。

- 1873
开始写《安娜·卡列尼娜》。

- 1881
出版《人靠什么活着》和《教义神学批判》。

- 1882
完成《忏悔录》。

- 1885
发表《那么我们该怎么办》《傻瓜伊万》《两个老人》。

- 1898
举办了托尔斯泰诞生70周年纪念会。专心完成《复活》。

- 1899
发表《复活》。

- 1901
被俄国正教宣告破门。

- 1904
日俄战争爆发。发表《重新思考》。

- 1908
发表了反对革命家死刑的《我不能沉默》。

- 1910
11月去世，安葬在亚斯纳亚－博利尔纳。

图书在版编目（CIP）数据

托尔斯泰 / 韩国汉松教育编；千太阳译. —成都：天地出版社，2023.1
（励志名人传记）
ISBN 978-7-5455-6873-8

Ⅰ.①托… Ⅱ.①韩… ②千… Ⅲ.①托尔斯泰
(Tolstoy, Leo Nikolayevich 1828-1910)—传记—青少年读物 Ⅳ.①K835.125.6-49

中国版本图书馆CIP数据核字（2021）第266334号

마주보는 인물이야기 : 05. 레프 톨스토이 © Hansol Education Co., Ltd., 2004
Text: 김태정 (Kim Tae Jung)
Illustrations: Andreas Fischer
All Rights Reserved.
Simplified Chinese translation © Beijing Huaxia Winshare Books Co., Ltd., 2023
Chinese simplified language translation rights arranged with Hansol Education Co., Ltd. through Qiantaiyang Cultural Development (Beijing) Co., Ltd.

著作权登记号：图进字21-2022-91

TUO'ERSITAI
托尔斯泰

出品人	杨 政	责任校对	梁续红
编 者	韩国汉松教育	装帧设计	书情文化
译 者	千太阳	责任印制	刘 元
责任编辑	李红珍 江秀伟		

出版发行　天地出版社
　　　　　（成都市锦江区三色路238号 邮政编码：610023）
　　　　　（北京市方庄芳群园3区3号 邮政编码：100078）
网　　址　http://www.tiandiph.com
电子邮箱　tianditg@163.com
经　　销　新华文轩出版传媒股份有限公司

印 刷	北京雅图新世纪印刷科技有限公司		
版 次	2023年1月第1版	印 次	2023年1月第1次印刷
开 本	787mm×1092mm 1/16	印 张	4
字 数	64千字	定 价	35.00元
书 号	ISBN 978-7-5455-6873-8		

版权所有◆违者必究
咨询电话：(028)86361282（总编室）　　购书热线：(010)67693207（营销中心）

如有印装错误，请与本社联系调换